안녕, 나의 별

이 도서의 국립중앙도서관 출판예정도서목록(CIP)은
서지정보유통지원시스템 홈페이지(http://seoji.nl.go.kr)와
국가자료공동목록시스템(http://www.nl.go.kr/ kolisnet)에서
이용하실 수 있습니다.(CIP제어번호: CIP2017018861)

# 안녕, 나의 별

이종수 그림시집

고두미

**自序**

그림 아닌 그림입니다.
시로 다 쓰지 못한 마음 한쪽입니다.
오다가다 발길 멈추게 하며
지그시 물어오는 표정들일 뿐입니다.
색연필 몇 자루만 있으면 누구든 그릴 수 있는 것입니다.
그렇게 바빠 지나쳐 온 길목들을 생각하며
게으를 수 있는 권리,
고요할 권리 한 줄
마음에 새겨 보았습니다.

2017년 7월
이종수

얼레지

# 안녕, 나의 별

차례

## I.

앵초 __ 10
부시다 __ 14
달개비꽃 __ 16
다시는 돌아오지 않으리 __ 18
별은 메뚜기처럼 __ 20
간지럼 __ 22
황매화 __ 24
목련전기조명상회 __ 26
버들피리 __ 28
호박꽃 __ 30
내가 울어 __ 32
금을 긋다 __ 34
능수벚꽃주막에서 __ 36

## II.

나는 누구일까요? __ 40
사람을 찾습니다 __ 42
봉숭아씨 터질 때 __ 44
집 __ 46
물방울 여인숙 __ 48
청미래덩굴 __ 50
보말댁 __ 52

파도리 __ 54
가물치 낮잠 __ 56
미끄럼틀 호텔 __ 60
만만한 거 하나도 없다 __ 62
벌교 __ 64
양귀비꽃 __ 66
광대노린재 __ 68
달걀 한 판! __ 70
나비 접을 접 __ 72
벽화 사양 __ 74

Ⅲ.

산유화 __ 78
까마중 __ 82
괭이자루 __ 86
구름철학관 __ 88
애연가 __ 90
11월 __ 92
나니까 외롭다 __ 94
지긋지긋한, 길 __ 96
길흉은 잘못 들어선 길의 돌부리다 __ 98
겨울 거미 __ 100
눈길 __ 104
불성사나운 사과 __ 106

용(勇)이라 부를 수 있을까 _ 108
벚나무 문안 _ 110

## Ⅳ.

무극 _ 112
하하호호 _ 116
광장에서 _ 118
무논 _ 120
꿈 _ 122
시계공 _ 124
어머니와 조기 _ 126
친환경 유정환 _ 128
제비를 기다리며 _ 132
도토리 _ 134
오세암 _ 136
풀 _ 138
안녕, 나의 별 2 _ 140
불두화 _ 142
울보들은 기억력이 좋다 _ 144
감자 먹고 싶다 _ 146
숲 _ 148

발문
이안 | 비틀고 다듬어 찾아낸 먹먹한 외줄기 음 _ 150

I

# 앵초

나의 꽃이여 꽁꽁 숨어라
꽃이라는 이유만으로 탁본 되고 꺾이느니
더 강렬하게 바랜 듯 취한 공중에 숨어라
발밑에 숨어라
누구의 손도 타지 않고 형형한 눈빛만으로 피고 지는 너는 얼마나 아름다우냐
피고 지는 어느 때가 꽃인지
너만이 아는 일
너를 보러 나는 봄이 가도록
도시락을 싸들고 찾아가고서야 알았다

너를 보러 가는 길에는 뱀들이 우글거리고 까마귀가 울어도 좋았다
더는 들어갈 수 없는 우거진 길이 있어 좋았다
조금씩 나눠 먹는, 어릴 적 따뜻한 밥그릇에서 건져내어 들녘 내다보며 삼키던 붉은 강낭콩처럼
맛있는 것은 그렇게 오래도록

앵초

그리운 것은 그렇게 기다리고 기다려야 간신간신 꽃 피는 것
임을
　공손하게 오므린 곳에 낳은 새알처럼
　나는 그 높은 나무에 올라서도 빈손으로 내려왔었다
　꽁꽁 숨어 아름다운 숨자락이 주름 진 잎바퀴에 얼근하다

홍매화

# 부시다

피나물꽃에 박각시류 날아들어
앉지도 않고 꿀을 훑어가는데도
꽃은 시들지 않는다
눈이 부시다
아니, 어머니 식구들 밥그릇
깨끗이 부셔낼 때의
부신다는 말처럼
노란 햇물로 부시고 또
부셔낸 그릇에 들어차는
설거지 물 빨래 물도 햇살 등지고 바라보면
내게는 눈에 부신 물이었듯이
봄 밥상 위에 둥그머니 피는
피나물꽃

쑥부쟁이

# 달개비꽃

무릎걸음으로
기어이 오고야 만다
쥐구멍에도 볕 들 날 있다더니
귀 쫑긋, 부신 얼굴로 온다
마디마디 걸음은
욱신욱신 살아남은
고개고개
들고 오는 꽃
국숫발처럼 말아서 올려놓아도
어김없이 살아남아
꽃 피우는 달달
달개비

개별꽃

# 다시는 돌아오지 않으리

봄밤을 다 걸어
목련꽃 앞에 숟가락 젓가락 다 얹어도
저 양은밥상
우물물 길어 당원 풀어낸
국수 가락 같지 않음을

꽃마리

# 별은 메뚜기처럼


늘 엄마가 보고 싶은
아이 둘을 데리고
무릇꽃 여뀌꽃 핀 풀밭에서
뒹굴며 놀다 돌아오면
내가 몰래 잡아 품에 넣어준 것도 아닌데
아이들 옷에서
별들이 메뚜기처럼 튀어나왔다.

미끄럼틀 높이 거꾸로 올라가거나
나뭇가지를 타는 감픈 아이들이 아니었으나
풀밭에서 얼크러지며 웃음 많고
울기도 많이 한 아이들이라
엄마별을 기다리며 넘던
스무고개, 깊은 밤 국자를 푸던
별 부스러기들로 쓸쓸하지만은 않았던

아직도 아이들과 칼국수 먹던 날을 떠올리는 건

그날의 별 때문이다
칼국수 메뉴판 옆에 써 있던
공기밥 별도
를 두고 고개를 갸우뚱하다 묻던 말

별은 언제 나와요

이제 내가 별이 되어 저 하늘에서
물을 때다
안녕, 나의 별

# 간지럼

배롱나무 살살
간지럼 태우는 어느 절 마당에서
젊은 여자와 남자 둘이 배드민턴을 친다
키득키득 웃으면서
셔틀콕을 떨어뜨리지 않고 맞받아치는데
간지럼 타며 반들거리는 우듬지에서
육각수 목 넘김처럼 경쾌하게 만져지는
웃음소리
몇 구째인지 모를
소리, 간지럼 타는
빛남들만 있던

나도 간지럼 타고 싶다

자주쓴풀

# 황매화

저 황매화길 따라
넘어가면
폐사지,
주춧돌마저 묻힌 지 오래
햇볕 우묵한
고요 한 채
고요가 내걸은
경
한 줄
나부끼는 소리

감자꽃

# 목련전기조명상회

안방 가족사진 자리
옷걸이 콘센트 욕실 비누곽 자리
대문 알전구 소켓 자리

가난한 하늘밖에

그렇게 아물어 빛나는 자리
부재해서 더 아슴 빛나는
오 촉광 아우라

목련

# 버들피리

나는 어느새 버들가지 꺾어 들고
호드기를 만드네
어릴 적 동네 형이 만들어주었던 버들피리
이제는 내가 만들어 혼자 부네
옛 기억을 더듬어 물오른 가지를
비틀고 떨림판을 다듬어
먹먹한 외줄기 음을 찾아내네
만들어 줄 아이도 없이
들어줄 하늘도 없이
차디찬 4월 바다
숨비소리

좀참꽃

# 호박꽃

호박꽃은
마른 우물
수술 따라 길어올린
개구리
꿀벌 아코디언
열어보다 쏘여
울고 불며 끝나는
노래주머니

호박꽃

# 내가 울어

늦은 벚꽃나무가 운다
산벚나무가 운다
바람이 울리는 것이 아니다
벌들이 가지째 우듬지째 흔들며 울어주는 것이다
우는 것이 우는 것만은 아니어서
한 잔 술에 젖은 입술처럼 꽃잎들은 바람의 얼굴로
풀피리를 부는 사내의 입술이다가
그 곡조에 귀신처럼 왔다 가는 사랑이어서
나무 아래 서면 저 불태우듯 생짜배기로 아픈
얼굴 하나 받들지 않을 수 없다

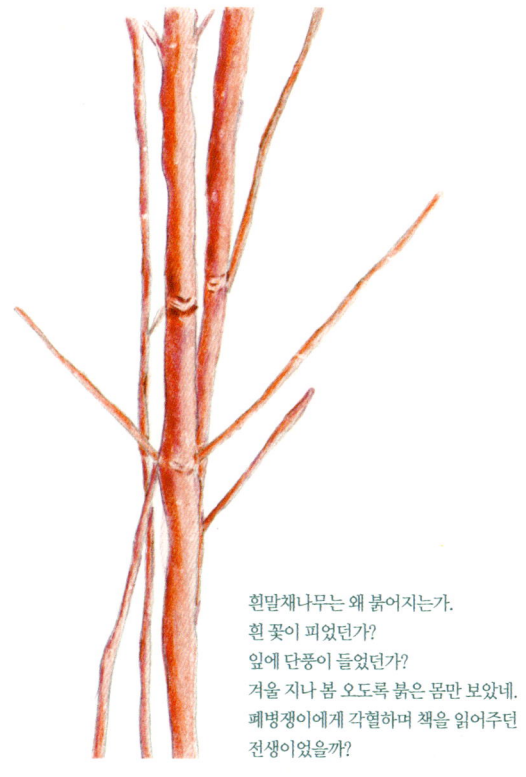

흰말채나무는 왜 붉어지는가.
흰 꽃이 피었던가?
잎에 단풍이 들었던가?
겨울 지나 봄 오도록 붉은 몸만 보았네.
폐병쟁이에게 각혈하며 책을 읽어주던
전생이었을까?

# 금을 긋다

벌목장으로 가는 임도에
무거운 짐차 바퀴 자국
한쪽 바퀴 자국에는 산골 물이
한쪽 바퀴자국에는 간밤의 빗물이 고였는데
이것도 다 멧새 둥지 고라니 방 없앤 자리에 난
눈물이어서
두꺼비 아무르산개구리 알 짜드락 슬었는데
골짜기로 흘러가던 물길이 끊겨
비질비질 한쪽 바퀴 자국을 채우는 것이야 다행이지만
하늘바라기 빗물로만 채운 한쪽 바퀴 자국에 세든 올챙이들은
가뭇없이 말라간다
이 일을 어쩌나
올챙이들 까맣게 다시는 짐차가 지나지 않기를 바라며 꼬물거리는데
 말라가는 한쪽은 더 바짝바짝 타들어가서
 물길을 터 줄 수밖에
 한걸음은 되는 바퀴 자국 사이에 나뭇가지 주워 와

금을 긋는다 아니 골을 판다
흙탕물 골골거리며 물 다리를 놓아서
바퀴 자국 둠벙이 공평해지록
나뭇가지가 퐁 친 막대기요
목숨 살린 고랑인데
하느님, 옛 동무의 손 넘어오지 말라고 책상에 그은 금 말고
가장 금다운 금 하나 한걸음에 걸친 이 모양을 보고 계시나요
짐차 지나가기 전에 어서어서 두꺼비 되고 산개구리 되어
바퀴에 깔리지 않도록 봄비 몇 차례 내려서 한 고비 넘기길
저 금처럼 깃드소서

# 능수벚꽃주막에서

꿀벌들에게 술을!

오늘도 수천 수만 수경 가지
꽃바퀴를 돌리며
꿀을 모으는 꿀벌들에게 경의를!
달콤함이자 풍요,
생명이자 불멸의 다른 이름이기도 한
저 노동의 꿀이 오늘만은
한 잔의 술이 되었으면!

돈이자 벼랑의 생계가 아닌
능수가지마다
젓가락 장단 울리며
꽃같이 꿀같이
취하는 날도 있었으면

절대 돈으로 바뀌지 않는

귀밝이술로

눈 맑은 이슬로

죽음마저 깨우는 시원으로

한라산 처음처럼

II

# 나는 누구일까요?

용머리에
괭이눈
노루귀에
까치수염,
한 손엔 도둑놈의갈고리
한 손엔 꽃방망이,
며느리배꼽에 처녀치마 두르고
범꼬리에 꿩의다리,
까치발에 매발톱
을 단
동물은?

어느 해 여름이었을까. 꽃 피자 지는 순간을 허락지 않아 아름다운, 덮개로 씌워진 무엇처럼 울컥한 그것을 무엇이라 불러야 할까. 만나지 않아도 좋을, 냄새의 목소리만으로도 그 해 여름 언저리를 기억하는 것만으로도, 다시 태어난다면 나는 너를 만날 수 있을까.
개개비 둥지는 고요하였다. 숨을 멈추고 바라보았을 누군가의 눈을 생각해보라. 털 끝만큼도 다치게 하지 않을 숨소리를 가져본 적이 있는가.

# 사람을 찾습니다

오늘도 어느 사람은
사람들 속으로 실종되고 있고,

모두 실종된 사람들만 같은
용모로 바삐들 사라진 틈을 메우는
사막 모래언덕처럼 씻은 듯
잊히고

자주괴불주머니

# 봉숭아씨 터질 때

그리운 사람을 기다려 보면
알지
고개 너머
모퉁이 지나올 사람을
몇 번이나 마중 나갔다 돌아왔던
순간을 떠올려 보면
봉숭아씨 터질 때도
막 고개 너머
모퉁이 지나오는 사람처럼
전 세계가 뒤바뀌는 듯한
1, 2초쯤의 황홀감
그 반동으로 산다는 것을
나를 만나러 오는
너의 떨림으로
흙가슴으로 사랑한다는 것을

진달래

# 집

까치 한 쌍이
나무 하러 나왔다
편의점 건물 옥상
○○텔레콤 중계기에 지어 놓은
집을 고치러
길가에 가지치기하느라 쌓아 놓은
나뭇단에서
몇 번이나 가웃가웃
물어보고 무게와 길이를 재 보며
신중하다
나름 대들보와 서까래로 쓰일
재목을 고르는 것이다
비와 바람의 일기마저
재 보는 것이다
옛사람들도 그랬듯이
자기가 살 곳이기에
스스로 지었다는

집이라는 말

저 까치가 추려간

비와 바람의 문장이 있었음을

# 물방울 여인숙

봄비가 내려
더 검게 빛난다
가지 끝마다 쉬어 가는
물방울 여인숙
풀 씹는 동물의 어금니로
반추해 보는
**뼈 있는 말**
매달려 빛난다

슬프지만 비통하지는 않다

작약

# 청미래덩굴

청미래덩굴 잎은
방짜 징처럼 두텁게
울리는 빛을 가졌다
잎자루가 활처럼 당기는 힘일까
덩굴손으로 비끌어맨 허공의 힘일까
초록의 뭉근한 소리를 두드려 펴듯
잎날개에서 잎자루 중심으로
끌어모으는 일이
흘러 지나가는 황홀한 순간들을 붙들어 두려는
은유이자
미의 느릿느릿한 화살\*이다
고요한 빛이다


\* 한병철의 『아름다움의 구원』 중에서.

청미래덩굴

# 보말댁

소라게 한 마리가 새 집을 찾는다
보말 껍데기를 집 삼아 살아가는 소라게는
어머니가 낙안에서 시집 와서 낙안댁이라 불리듯 그냥 택호일 뿐
집에 따라 몸을 바꾸며 극빈의 삶을 사는 몇 안 되는 갯것이다
열심히 모래 경단을 늘어놓는 엽낭게도 무소유의 택호일 뿐이다

보말댁이 조금 큰 보말을 찾아 집게발로 호구조사 겸 집들이를 하다가
슬슬 몸을 옮긴다 그사이 조금 작은 녀석도 옆에 와 보말껍데기를 넘보는데
몸을 옮기면서도 두고 온 집을 작은 녀석에게 내어 주는 게 아니다
두고 온 집 대문을 집게로 걸어 잠그고 큰 보말 집에 몸을 들여놓았다가 맞으면
다시 보말 집으로 이사 가는 것이다

그러고는 잊는 것이다 안 쓸수록 약해진 다리를 휠체어에 올려놓듯
둥글게 말린 보말 집 깊숙이 들어앉아 노마드의 삶을 걸어가는 것이다

나는 갯것을 잡는 것보다 남의 집 살림을 들여다보는 것이 좋아
해종일 쪼그리고 앉아 본다
바다가 지켜봤듯이 그렇게

# 파도리

게는 파도가 닥치면 파도 속으로 열 다리 펼치고
날개 삼아 파도로 뛰어듭니다
새우는 태풍이 오면 고래보다 큰 파도 등을
허리에 물고 바다 깊이 깊이 들어갑니다
불 만나면 빨개지는 저 지옥과도 같은 살갗 안으로 들어갑니다
게는 절대로 옆으로 걷지만은 않아요
새우도 항상 웅크리고만 있지는 않아요
앞으로 앞으로 역사입니다

꽈리

# 가물치 낮잠

서울로 치면 내가 사는 청주는 시골이다
시골이 맞긴 맞는데 서울 사람들이 청주가
어디 붙어 있냐고 물으면 부아가 난다
아는 게 많은 서울 사람일수록 지도에는 어둑하다
그럴 때마다 해 주는 말이 있다
가물치 언덕에서 낮잠 자는 소리 한다고
아니 낮잠 자다 놀라 물에 떨어지는 소리 한다고
그러면 가물치가 뭐냐고 묻고,
가물치는 물고기다
물고기가 무슨 낮잠을 자느냐고 당연히 묻겠지
그것도 물 밖에서 말이지
그러면 저 남간정사 연당에 가 보라고
여름 한낮, 점심 먹고 노곤해질 무렵에 가 보면
 연당 앞 시누대숲 그늘에 자고 있는 가물치를 만날 수 있을 거라고
 인기척에 풍덩 하고 못물로 떨어지는 가물치를 만나 보라고 말이다

거짓말이 아니다
육거리시장 빨간 고무대야 물에 담겨 있다가
심심파적, 뛰쳐나와 가로등 아래 웅크리고 있는 가물치를 보고
아주머니, 쟤 좀 봐요 하고 호들갑 떨어도
아무도 거들떠보지 않는, 코 잡고 세숫대야 물에 숨 참던 시간보다
더 길게 길게 가물치 낮잠 자는 사이
금이빨 삽니다! 싱싱한 생선이요! 외치던
구두병원, 어전 아저씨 밥 먹고 돌아와도
아무것도 집어가지 않는 사이 좀 숨차면
못 이기는 척 아주머니 손에 비르적거리며
고무대야 물로 첨부덩 들어가는

가물치 낮잠 자는 시간
꾸덕꾸덕 뻘흙 말라갈 때쯤 남간정사 연못이나

육거리시장 시곗바늘도 헛기침하고 돌아가며
긴 여름 오후 버텨내는
오후 두 시에서 세 시 사이
아는 것이 다 아는 것만이 아닌,
가물치 낮잠 자다 못물에 떨어지는
그 물방울 튀기기 전의 그늘 아래 있는 것

비비추

# 미끄럼틀 호텔



어른이 되어서도 놀기 좋아하는 태평양 어느 작은 나라에서는 비를 흐르는 햇빛이라 부른다지

구름이 무겁게 지고 있는 물덩이를 국수가락 뽑듯 실금실금 나눠지고 내리는 빛의 알갱이나 빛고물 같은 것이 땅을 적셔 먹을 것을 만드는 놀이로 알고 며칠 밤낮을 흔들고 논다지

그래서 그곳 나무와 풀들은 모두 미끄럼틀 호텔이라 부른다지 내리다 지친 빗방울들은 가지가지 미끄러지고 잎잎마다 머물다 가는 그 순간을 긴 잠이라고 부른다지 반짝 물 알전구 켜기도 무섭게 밀려드는 빗방울에 밀려 흙으로 적시며 질끈 눈감는 그것이 새로운 시작임을 알기에 빗방울 목걸이를 매단 천사의 귀밑머리 같은 하늘 한 켠 바라보며 나무와 풀잎에 감사해 한다지

흐르는 햇빛이라서 호주 원주민들이 먼 길에 새긴 송라인처럼 놀 줄 아는* 발들이 다진 땅의 노래를 부르는 것임을

그 마음을 적시는 일이야말로

---

*호주 원주민 애버리지니들이 조상들의 발자취라 부르는 토템 창조신화를 따라 걷는 길.

분꽃

# 만만한 거 하나도 없다

목덜미에 벌레가 앉았기에
털어내고 보니
눈곱만 한 벌레
주둥인지 집겐지 댁댁거리며 방어 자세다
가다 돌아서 위협하기까지 하며 맞선다
꼭 그 모양이
내가 만만하게 보이냐고 말하는 것 같다

그래 세상에 만만한 거 하나도 없다

복주머니란

# 벌교

 시장에서 산 꼬막은 중국산이고 자기네 것은 어제 잡은 순 벌교 참꼬막이라고 하더라도 느자구 없이 실신한 낙자도 탁탁 때리면 금방 꿈틀거리며 살아난다고 아직 숨은 붙어 있다고 빨간 기운 남아 있으면 싱싱한 거라고 하지 않아도 안다 괜찮다 단감 유자 참다래 말린 서대 박대 간잽이 물메기 문저리 양태 모두 비 오는 날 몸뻬 바지 입고 날궂이 해도 주머니 두둑한 인심으로 속아주고 싶다 양장 몇 마름쯤 될까 읍내길 양푼마다 오질나게 우그러뜨린 꼬막을 보면 소싯적에 가마솥 하나 꼬막을 삶았다는 어머니 가난한 시절에는 괴목이며 순천, 광주로 설탕꿀을 진짜 벌꿀이라고 소주 대두병으로 팔러 다녔다는 그 끈적이는 맨손으로 먹고살았던 시절이 그리 오랜 일이 아님을 알기에 금방 따온 감이나 유자 꼬막 참다래 어우러진 가을 빛과 색, 냄새의 말을 사는 것이다 싶어 고향 사람 아닌 듯 와서 고향을 흠미하든 고향 사람인 척 몇 개를 더 꼬불쳐 가져가도 괜찮다 몸은 떠나온 어디나가 고향일 뿐이다 고향은 몇 번이고 속이고 속인다 그게 고향이어서 떠나고 돌아오는 것이지 무채 썰어서 갓 데친 낙지 초 무치고 동해는 경월이요 남해는 잎새주 있어도 막걸리맹키로 되새김

질 하는 취기 때문에 자꾸 우는 거라고 크룽크룽 뒤통수치는 파도 없이 매가리없는 섬섬 뻘바다여도 좋다 온 가슴 주고 쓰러져 본 사람처럼 고향은 무장무장 꼬막눈처럼 있어서 좋다

# 양귀비꽃


두메양귀비꽃 피는 순간은
가을운동회 막바지에 하는 박 터뜨리기
아이들과 어머니 아버지 들이 모여들어 오재미를 던지며
하늘 이겨라, 땅아 이겨라 구름아 이겨라 비야 이겨라
하며 내지르던 함성이었음을
눈앞에서 보여주기라도 하듯이 주름주름 잡힌 꽃잎을
종이 꽃술과 길다란 혀처럼 낼름낼름
누구 누구는 누구 누구를 좋아한대요 얼레리 꼴레리하며
내리닫이로 읊조리던 방각본 소설처럼
우리들 머리 위로 쏟아지던 것이었는데
오늘 봄 매화가 지고 단 한 장 꽃잎 한 장의 여인으로
길을 막고 호위무사처럼 달롱거리고 있는
나무둥치를 바라보고 있는 것이었는데
지나가는 취객은 그러더이다
이거 양귀비 맞아요 한 번 먹으면 헤어날 길 없이 꿈꾼다는
양귀비 맞느냐고 물어온다
그건 아니고요

저 주름을 달고 나온 사랑과 죽음의 문턱과도 같은
다시 주름 잡힌 게 세계를 보여주는 저것이 마약이자 환상통임을
가슴에 손을 얹고 주름주름 중얼거려 보는 것이다

# 광대노린재

광대노린재 등껍질을 보라
용한 무당이 써 준 부적처럼 태곳적부터의 천명처럼
天인 듯 空인 듯 별인 듯
송찬호 시인의 만년필에 나오는
'경매에 나오는 죽은 말 대가리 눈 화장을 해주는 미용사'와
'근엄한 장군의 수염을 그리거나 부유한 앵무새의 혓바닥'과
'백지의 벽에 머리를 짓찧는'
고통스러운 수사가 거기 있다

바랭이

# 달걀 한 판!

달걀을 던지게 만드는 자여
그대부터 달걀 한 판을 들고 걸어라
버스를 타고 집으로 가보라
자전거 꽁무니에 묶고 골목을 지나 집으로 가 보라
적의 집을 물어 물어 배달해 보라
달걀은 두 손으로 깨지지 않게 드는 것부터
품지 못하는 사람으로서 할 일은 그렇게
나무가 새둥지를 분양하고 썩은 살을 내주어
달걀처럼 둥근 속을 내어주듯이
품은 마음을 쉬이 깨뜨리지 않고 가져가는 것
흔들리는 버스에서 사람들의 알 듯 모를 듯한 눈초리에
행여 깨질까 달걀의 둥근 중심을 깨뜨리지 않고 가 보는 것
바퀴가 되지 않고는 굴러갈 수 없는 자전거와 한 몸이 되어
그대가 걸어온 길만큼 돌돌 뭉친 달걀의 우주와 온기를 지켜내며
발판을 굴러 길과 하나가 되는 것
작은 달걀 안에 사제폭탄을 감추었거나

한 궤짝의 돈을 넣지나 않았을까 의심쩍어 하다가
　달걀노른자처럼 풀어지는 적의 맨얼굴을 눈앞에서 맞닥뜨려
보라
　달걀 하나가 되어 보지 않고는
　적의 얼굴이 미움이 제대로 보이지 않는다
　달걀 하나가 되어 보지 않고는
　그대 식솔이고 이웃
　사랑이 맨얼굴로 보이지 않는다
　달걀은 그 어떤 소란과 두려움으로도 깨어지지 않는 것이지만
　창조하는 자의 것이자 산파의 것이어서 죽음과 온갖 더럽고
추악한 것에서
　저만의 고독 속으로 달아난 사납고 거센 바람이 부는 곳에서
바야흐로 태어난 것이어서
　지금 그대에게 필요한 것은
　달걀 한 판을 들고 걷는 일

# 나비 접을 접

네모난 종이를
대각선으로 마주 접어
고깔 모양으로 만들고
한쪽 깃을 올려 접고
머리 쪽을 조아려 접고 나면
다른 한쪽 날개가 펴지면서
나비 접을 접 자가 생겨난다
종이에 따라 노란 나비, 흰나비
호랑나비, 부전나비, 청오색띠나비
모두 접고 접었다
펼치면 나타나는
꽃과 하늘 기분 난다

쇠별꽃

# 벽화 사양

희게 칠한 벽
거미가 내걸었다
제발 벽화 사양한다고
잘 그리지도 못하면서
아무 그림이나 그리지 말고
그냥 내버려두어도 된다고
거미줄로 짠 경고문을 내붙였다
제발 아무 일도 하지 않았으면
인생은 뭐니 서툰 휘파람 같은 시
써대지 말고
담장 위로 장미나 호박넝쿨
넘어오면 거미줄에 경배하는 호박잎
씨줄 날줄의 여백이나 감상하시라고

쥐손이풀

III

# 산유화

아침마다 소월로의 담배꽁초(4년 내리 주웠으니 어림잡아 60만 개의 물고 빤 입술들을 수거한 셈)와 과자 봉지 코 푼 휴지 컵 떡볶이 따위를 주우며 욕을 하다가
  이러려고 태어났나 싶어 그냥
  내버려두기로 했다
  옛날에는 산길이었으나 지금은
  저만치 물러나 앉은 샛길

  같은 자리에 꼭 똥을 싸고 가는 놈까지 있어
  가짜 CCTV를 달아두기도 했으나
  — 그런 날 다음에는 더 큰 똥이 —
  소용이 없어
  작파하기로 했다

  그런대로 참을 만했다
  버릴 놈은 여전히 버리고 다녔으므로
  보는 사람 머리마다 욕 담긴 말풍선을 달 까닭이 없었다

쓰레기가 있는
시적 오브제로 보였다
담배꽁초들은 클로버와 민들레와 섞여
객관적 상관물이 되더니
금파리 똥파리 쉬파리 부르는
똥마저 까맣게 탄 별똥 부스러기처럼
바스러지고 나더니
옷 벗듯이 사람들은
홀랑홀랑 저마다의 기호에 따라 상표를 벗겨
아주 자연스럽게 테이크 아웃하고
남은 종이 종이컵을 안 먹은 척 놓고 가며
에코 휴머니즘을 발휘하고 있으니
하느님이라도 된 듯
참 보기 좋았다

버리는 건 감당할 수 없는
사람 됨됨이를 궁벽한 노인의 말투로

너희는 애비 에미도 없냐 집에서도 그렇게 하냐 하며
혼잣소리를 하는 것일 뿐
어떻게 저렇게 풀과 나무 사이에 쏙쏙 박히도록 버릴 수 있는지
갈 봄 여름 없이
저만치 피어서

칸나

# 까마중

울타리 없는 초등학교 뒷문
사내아이 셋이서 잔뜩 벼르고 서 있다
씨름 선수처럼 퉁실해 보이는 중학생과
그 중학생 반 정도 되는 5학년 아이와
반에 반 정도 되는 2학년 아이가
땀을 비질비질 흘리고 있다

자전거가 쓰러져 있고
스마트폰마저 떨어져 있는 것으로 보아
한바탕 드잡이를 한 모양이다
중학생은 적잖이 놀란 얼굴에 당황스러운 듯하고
5학년 아이는 중학생 형을 잔뜩 노려보고 있다
2학년 꼬마 아이 눈에는 눈물이 매달려 있다

대충 그림 잡히는 일이다

중학생 손에는 천 원짜리 한 장이 들려 있고

5학년 아이가 중학생의 손목을 부여쥐고 있고
2학년 아이는 보나마나 돈 뺏기고 우는 것이다

문제는 돈을 누가 뺏고
그 돈을 되돌려 주려고 했는지다
요즘 보기 드문 장면이다

지나가던 나는
더 큰일로 번질까
왜 그러냐고 물었을 뿐이다

이 형이 쟤 돈을 뺏잖아요

이쯤 되면 상황 끝이다
섣부른 사과보다는
모든 걸 제자리에 돌려놓는 것이 최선

세 녀석 다 가슴 쓸어내리며 돌아가는데
한 녀석만은 일기장에 적지 않겠지
돈 뺏기는 장면 많이 보고
많이 뺏겨본 나로서는 한마디뿐이다

참 고 녀 석
세상에 이런 사람이 있네

나도 가슴 쓸어내리며
한 줄 쓴다

까마중이라고

까마중

# 괭이자루

산성 아랫마을에서 버스를 내리는
아무개 씨의 배낭에 삐져나온
괭이자루
손때 묻어 매끈한 자루만 봐도
그이의 괭이질 솜씨 알겠다

매끈한 자루가 꼬리 같다
치타나 사자가 먹잇감을 향해 뛰어갈 때
육식의 본성을 일깨우듯 빳빳하면서도
부드럽게 중심을 잡아주던 꼬리

괭이자루의 주인인 그이의
힘도 저 자루에서 나올 듯
자루를 잡고 내리꽂을 때마다
먹잇감을 몰아가는 몸을 벼려주던 꼬리
그 자루 힘으로 괭잇날도
땅심을 읽어내며

손아귀 바투 쥔 힘에 실려
그이의 몸으로 전달되었으리라

겉으론 지팡이나 지겟작대기처럼 성마른 품세지만
무쇳날의 단전에서 뿜어져 나오는 숨이
그이의 손아귀 힘과 만나 만든 가장 작고 야무진 원처럼
그렇다고 아주 곧은 것만은 아니어서
나무의 숨턱이 걸려 쉬었다 갈 수 있도록
나무 그대로 휘어진 깜냥을 허락하는
그이의 굳은살이자
일가를 이룬 꼬리 힘이 반들반들한
괭이 한 자루

# 구름철학관

희끗한 구름철학관 관장님은
태어난 해와 시를 물어놓고

조간 석간 신문 떠들어보고는
지난 신문 쪼가리에 한 획 내리긋고
삐치고 점을 찍으며
붓질 중이다가 소나기 한 줄금
같은 운을 띄우지

내후년에 그만두면 새바람이 불어
잘 풀릴 걸 왜 나왔어
지금은 하늘에 떴어
그냥 밥만 먹는다고 생각하고
쉬운 일부터 해 봐
뭐 해도 안 돼 앉은 김에 쉬어간다고
놀멘놀멘
아이도 잘할 운이야

잘한다고 꿈 크게 갖고 멀리 보낸다 생각하고
내려놔

배우자 운과 말년 운
사업 운이래 봤자
새는 곳 막아 쏟을 때 쏟아야지
혹 저 너머 말하고 있지 않은 것이 있지 않을까
의심하지 말고
두려운 것도 콰르릉 울고 넘어가는 것이야
말하지 않은 말은 침묵으로 던져 놓고
밤과 새벽을 읽어내는
저 뜨개질하는 여인들이여
잘못 뜨면 풀어내고 다시 뜰 줄 아는
제 아무리 명리에 밝아도
점심때면 그냥 하루 놀아주며 먼 길 가는
구름철학관

# 애연가

내가 아는 판화가는 애연가이면서도
휴대용 담배꽁초 주머니를 가지고 다닌다
담배꽁초쯤 아무 데나 버려도 된다고
생각하는 대다수 골초들을 보라
판화가의 담배꽁초 주머니가 조잔한가?
막 먹고 비운 밥그릇에 술병에 하수구에
남의 집 담 너머로 멋진 듯 튕겨내면서
꽁초들로 진이 들 대로 든 판화가의 저 작은 우주를 보라
궁색해 보이는가
저렇게 거두어간 꽁초들이 쓰레기통으로
어차피 들어가 버려질 것을 무슨 환경운동가스러운 말이냐고 하지 마라
그는 옹이 지고 굳은살 박인 손으로
동체대비(同體大悲)의 나뭇결을 읽는 사람이기에
쓰러져 누운 나무가 못다 한 바람결과
새의 말을 새길 줄 아는 삶의 예술가이자
농부이기에 그가 쌈지 주머니에서 꼬깃꼬깃

차비를 찔러 넣어주는 어머니의 마음으로
담배꽁초를 거두어가는 것임을
그것부터가 운동하는 지구와 지구
사람으로서의 송라인(songlines)인 것을

# 11월

명아주 쑥잎
강아지풀
감꼭지에도 단풍이 든다
하물며 국화 꽃잎에도 단풍이 들어
붉고 노랗고 매가리없는 색들도 모두
단심으로
다시 한 번 꽃이 되어 떨구는
11월
버리고 가는 것이
저리 예뻐도 되는 것인가

국화

# 나니까 외롭다

나니까
외롭다
툭
불거져 나온 옹이처럼
나이므로
나로부터
온갖 수사가 필요 없이
나였기 때문에

나를 붙들고
사는 이상 벗어날 수 없는
내던지고 너에게로 갈 수 없는,
오로지 나여서

몇 번이나 뿔 뽑고
나 아닌 무엇이 되려 하였으나
나이고 싶은

나로 돌아와 너를 바라볼 수밖에 없는
나라는 자리 때문에
외롭고
슬프고
아프고
끝내 기쁜 나로
죽는

나.

# 지긋지긋한, 길

로드킬 당한 너구리나 고양이들은
끈이나 밧줄이 된다
타이어를 잘라 만들었거나
수십 가닥을 꼬아 만들었거나
이삿짐이나 화물 등속을 단단히 묶었던
결속처럼
밟히고 밟혀도 길에서 벗어날 수 없다
길에서 끈과 밧줄의 속성을 드러내며
올이 풀리고 해지면서
길나부랭이가 된다
징이 박힌 채 기차를 받아낸 철로처럼


누군가 떨어뜨리고 간 주머니나
가방처럼 남아서
사고 현장에 남겨진 신발 한 짝처럼
주저하며 가지 못한
길 한쪽을 보고 있다

접시꽃

# 길흉은 잘못 들어선 길의 돌부리다
— 이철수 대중경 판화집 『네가 그 봄꽃 소식 해라』에

손가락으로 그려 본다 별똥 떨어지던 밤처럼
공이 날아간 덤불이며 마지막 퍼즐 한 조각
조립 부품을
그것들은 옛 노래에 나오듯
산골짜기에 떨어진 것이 아니고
덤불 아래 소파 밑도 아닌
의외의 자리에서
기다렸던 것이다
길을 꼬여내어 4와 2분의 1과도 같은
쪽문 샛문
월광문으로 이끄는
다른 차원의 끄나풀이었는지도 모른다
그걸 가까스로 집어 들던 순간을 생각해 보면

못 찾고 돌아간 저녁이나
이사 무렵에 그것과 맞닥뜨렸던
그것을 보았을 때

다시금 떨어져 나오고 날아간 궤적을
손으로 그려 보며
그제야 고개를 끄덕이게 되는

그런 골목
길
길이
날뛰던
상처들을
한 조각들
몸 한 조각

# 겨울 거미

거미가 죽은 겨울
거미줄은 눈뭉치를 매달고
거미가 지나던 줄은 거미와 함께 뜯겨나가고
마지막까지 날벌레들을 꾀어 붙이던 날줄에 눈송이는 쌓여
알을 키우던 고치처럼 눈속에 잠들어간다
거미는 그림자로 녹아 죽음은 보이지 않는 빛일 뿐임을
밀봉한 상자 속의 어둠이 미끄러져 나오지 않듯
두려울 것 없이 거침없이 빨려들어간 죽음의 자리

함박눈이 내리는 날
거미줄에도 눈이 쌓인 날
소나무 가지 사이
쥐똥나무 가지 사이에
거미줄을 친 호랑거미
아직 죽지 않고 눈을 맞고 있다
비를 맞으며 늘어져 있을 때야
비 그치면 몸 말리고

거미줄을 탄다지만
눈 그치면 알주머니 남기고
죽을 것을 아는지 모르는지
죽은 듯 매달려 있다

줄을 타는 광대
줄을 뜯는 연주자처럼
줄에 목숨을 걸어 놓는다

그림자 없는 삶이었다

거미는
비가 와도 눈이 와도
거미줄을 떠나지 않는다
빗방울처럼 매달려 비를 피하고
함박눈처럼 가볍게
죽지 않을 만큼만

피를 빼고 살을 빼어
거미줄에 걸린 함박눈,
결정인 양 겨울을 난다

함박눈처럼 비껴가며
저를 바라본다
숨지 않고 살아온 그림자답게
저 태어난 자리에서 죽을 뿐

초롱꽃

# 눈길

눈길에서
꼭 마주치는
고라니 눈빛 같은
개머루, 까마중, 배풍등, 쥐똥, 찔레 열매를 보면
잎 다 떨구고 남은
형형한 눈빛을 보면
새를 보듯 숨을 멈추는 버릇이 생겼다
한 알 한 알 붉고 까만 눈이
눈길에 점을 찍으며
길을 내거나 세한도 같은 그림을 그리는 것 같아
어릴 적 물속에서 내기하듯
오래오래, 끝까지 끝까지
참아서 이기고 싶은,
참 별것도 아닌 것 앞에
거룩해지기도 한다.

벌깨덩굴

# 불성사나운 사과

영주 부석사 안양루 가는 돌계단에는
사과 파는 할머니 계시는데요
절문 산문 닫히는 법고 소리 울리도록
사과 팔다가 못다 판 사과는
숲에 묻어두고 가시는데요
사과는 집으로 가지 않고 숲에 남아
비 바람 햇빛 나무아비 낭창낭창하던 시절에서
꼭지 떨어진 행자승마냥
북소리 염불소리 귀에 못이 박이도록 듣다가
더 붉어지고 꿀이 배기는 사무침으로
다음날 할머니와 상봉하는데요
이래뵈도 불성사나운 사과라고

사과

# 용(勇)이라 부를 수 있을까
— 호치민 전쟁기념관에서



베트남 사람들은
전쟁을 기억한다
잊지 않는다
전쟁죄악기념관에서
증적기념관으로
다시 평화기념관으로 이름을 바꾸었지만
전쟁이 네이팜탄, 고엽제로
죽이고 죽이고 또 죽일 때까지
태우고 부수고 영혼마저 찢어발기며
아직도 원형감옥으로 도사리고 있음을
잊지 않는다
짧은 치마에 하이힐 신은 아가씨나
아기 둘셋에 아내까지 태운 아저씨
할아버지, 할머니, 교복 입은 학생들도
디에비엔푸 전투식으로 오토바이를 탄다
맨몸으로 자전거로 포탄과 밥을 날랐던
그들을 보며 생각한다

용병을 넘어 전쟁 참전국으로
당당히 목숨과 돈과 이념을 바꾸고
전쟁이 가장 약하고 되돌릴 수 없는
영혼을 파괴한다는 것을 자랑스레
기념하며 전적지 투어를 하는
우리는
자유는 공짜가 아니라며
죄 없는 다른 나라 인민을 죽이며
가치 있게 죽어갔다 하지만 진정
의롭지 못한 죽음과 전쟁 앞에
용이라 부를 수 있을까

# 벚나무 문안

꽃눈이 잎눈 되어
시름시름 꽃도 피지 않는
병이라더니
문안도 여쭙지 못한 채
눈이 내리고
가지마다 얼음애벌레로
잠자고 있구나
초승달과 개밥바라기 기별 한 장!
바짝 타들어간 한 걸음
봄눈에 걸치고
맑은 몸으로 떠나려는구나
눈물로 더는 보지 않으련다
봄이면 다시 잊을 것을

IV

# 무극(無極)

세상은 어디로든 기울지 않는 게 아니란 말
무극에서 본다
笙極 옆 金旺, 사연 없는 사람은
들어오지 못하는 무극
스물아홉에 과부 되어 스뎅숟가락 장사
동동구루모 장사해서 벌어 살다
아들은 덤프트럭에 깔려 반편이 되고
일본에서 식당해서 돈 좀 벌어 나오렸더니
쓰나미 맞아 쑥대밭 되고, 사고로 식물인간 된 아들에
5년째 집 나가 소식 없는 며느리
아무도 돌봐 줄 사람 없는, 착한 사람이
복 받는다는 말은 거짓말
별 부스러기들은 다 무극에 와 떨어진다
불쌍한 사람들의 죄는 가릴 몸 없이
감옥이 된, 몇 개의 장기를 부려놓는
정류장에서 서로를 검열한다

어제는 등을 휘며 울어 보채는
혼혈의 아이를 안고 복도를 지나는 따이안이
낯설게 웃었다, 무극의 울음이었다
장기를 다 내놓은 웃음
고통의 맨얼굴은 돼지머리처럼 웃는 듯 보일 뿐이다
꽃이 피는 순간을 볼 수 없고
지는 순간을 볼 수 없는, 무극의 접점이다
고통 또한 권력과 같아서
무극의 노예로 만든다
권력을 갖지 못한 자들의 유일한 권력은
고통을 던져주고 떠나는 것
칼을 던지는 꽃이다
꽃들이 서로의 전개도를 젖히고 통점에 던지는,

속속들이 몸을 열어 젖히는 호구조사관들이여
링거를 꽂는 간호사는 고통을 관장하러
문을 벌컥벌컥 열어제낀다

버려진 고통은 303호 문처럼 열고 닫는
절차를 잃어버린 지 오래다
고칠 수 없어 매뉴얼이 된 지 오래여서
어떻게 쓰다듬고 관장해야 하는지 아는
간호사들은 늘 반말이다 옛이야기에 나오는 여우처럼
간을 꺼내간다
팔다리로 시작하여 장기로 퍼지는
6인실 병실마저 권력의 교화소이자 감옥
싸우지 못하고 훈육되는 황혼의 고통
코드가 뽑힌 선풍기를 집어 삼킨 나무처럼
못을 박고 있는 몸을 보라
그러면서 하나의 각인도 없는
가냘프다 못해 거룩할 뿐인,
한 번도 고통의 칼날이 몸을 찢고 들어오는 길에
본능적으로 궁극적으로 아로새기지 못한
고통은 늘 이렇게 불려다니고
관리당하고 검열당하고 훤히 읽히면서도

권력을 숭배하는 자세에만 길들여진
꽃처럼, 스스로 어루만져 줄 수 없는
언제나 북동쪽으로 기울어 있는 못과 같아
망치를 받으면 엇나갈 수밖에 없다
머리를 짓이기는 고통마저도 넘나들어야 하는,

구부린 채 박힌 쇠의 웃음이
무극이다

# 하하호호

언젠가 계곡으로 놀러갔을 때 일이라네
비치볼마냥 들떠서 골짜기에 놀러갔을 때
비치볼은 너무도 통통거려서
누가 싱긋 욕심 부리면 저 잘났다고 물가로 달아나
둥싯둥싯 물 깊이 유혹하는 존재여서
그날도 어김없이 물 깊이 떠내려 갔더랬는데
그걸 건져오겠다고 철벅철벅 물로 들어가다 보니
뜨는 건 비치볼처럼
숨 끊고 공중부양하듯
가벼운 것들이더군요
헤엄도 못 치는 몸이란
그야말로 공병 같아서 코에 물 들어가면
골짜기 물도 오대양이어서 겁이 났고
이대로 죽는구나 싶은데
벼룩의 간을 빼먹듯 그 찰나에
코에 물 들어가고 뒤통수 쪼개지는데
물 밖의 사람들 가족들마저 아무렇지도 않게
제 갈 길 호호하하 가는 게 아니겠어요

너무나 억울한 게 한 꽃잎 까무룩 져가는데
아무도 건져주지 않을 것 같아 억울하고 분해서
그냥 이대로 죽어서는 안 되겠다 싶어
수제비 뜨는 돌멩이마냥 가라앉아
바닥을 기어서 나왔더랬지요
물바닥에 깔린 굴참나무 화양나무 잎잎이 일으키는
물 먼지가 아직도 눈앞에 선한데
아무튼 그렇게 살아 나와서 보니 세상은
또 아무렇지도 않은 듯
제 갈 길로 비틀어져 하하호호 돌아가더군요
그러니 모든 목숨이 제 갈 길로 살아남는 건
악착같이 살아남으려고 애쓰는 존재임을 알겠더라고요
그것이 있어 온 세상이 돌아가는구나 싶어
원망원망 그런 원망이 없는
사지의 길에 웃음이 터져
양파링 코에 꿰고 귀에 걸고
즐거이 즐거이 춤추고 놀았다는 말씀
하하호호

# 광장에서

촛불 하나를 점이라 하자
점은 위치를 갖는 실체이니
광장은 장소가 되었고
담아들이는 능력을 가진 그릇이자
모든 곳이 되었다
이렇게 모이지 않았으면
집도 절도 없었을 것들에게 광장이라는
장소를 준 것이다

하늘로부터 땅과 바다를 떼어내
물결 위에서 춤을 추었다는 만물의 여신
에우리노메처럼
점이 분할되는 모든 사물들을 통합하고
그들의 행렬을 포함하고 경계 지으며,
그것들 모두를 무대 표면으로 올리고,
그 주변을 둘러싼다는 프로클로스의 말처럼
광장의 촛불은 점이 되어 모였고

어디로든 나아갈 수 있는
서로의 점을 이어 넘어 갈 수 있게 된 것이다
점과 점이 모여
점이야말로 가장 큰 폭발력을 가진
광장을 낳았고 만물을 낳은 처음처럼
민주주의의 첫 번째 원리이자 권력이 된 것이다

# 무논

물 댄 논이
운다

햇살과
바람,
개구리와 새 소리에
주름져서
울고 운다

천근만근 말없는 것이
주름져서
울고
우는
봄밤

슬프달 것도
아프달 것도 없이

당신은 가는데
잡을 수 없어
그 자리에 남는
짐 하나

당신으로 살지 못하여
주름져서 울고
운다

# 꿈

세상에서 이름만 대면
누구나 아는 사람이 되는 게 꿈인
현승이
신이 되고 싶은데
이룰 수 없을 것 같아
꿈꾸지 않는다는
재학이

지금쯤 꿈을 이뤘을까

윤판나물

# 시계공

예지동 시계골목
여든다섯의 김범진 시계공은
말한다
고장 난 손목시계를 고쳐 놓은
기쁨의 순간을
외알 돋보기안경으로
평생 손목시계의 오장육부만 들여다보며 산
세월을

사람 생명을 이렇게 살릴 수 있으면
얼마나 좋을까
병아리를 가둬 놓았다가 내놓으면 신나게 뛰잖아
시계도 마찬가지지
못 고치면 잠이 오지 않아

잃어버린 부품을 찾아 헤매이던 꿈자리가
시계판이자
시계골목을 떠나지 못한 시간이었노라고

나리꽃

# 어머니와 조기

베란다에서 걷어온 빨래마다 생선 냄새 나서 나가 보니
빨래집게에 조기 한 마리 걸려 있네
어머니는 달력을 안 보시고도 음력 생일을 어찌 아셨을까
꾸덕꾸덕 말라가는 조기 한 마리
내 모습 같네
내 나잇살 오십하고도 둘인데 어머니는 아직도
새벽잠 설치고 생일상 차리시니
몸 둘 바를 몰라 아가리 벌리고
어릴 적 귀때기 잡히고 볼 잡혀 혼날 때처럼
화끈해지네


김창완의 노래 〈어머니와 고등어〉처럼
노래를 만들었으면 좋겠네
'한밤중에 목이 말라
냉장고를 열어 보니
한 귀퉁이에 고등어가 소금에 절여져 있네
내일 아침에는 고등어구이를 먹을 수 있네'

그러니 어머니는 마당이 필요하네
시래기 널 시렁과 생선 말릴 바람마당이
그러나 마당 있는 집을 사 드릴 수 없어
입 벌리고 속살까지 꾸덕꾸덕
내일 아침에는 조기구일 먹을 수 있네
어머니 코 고는 소리
조그맣게 들리네
하는 노래만 흥얼거리며 꾸덕꾸덕 말라간다네

# 친환경 유정환

이보다 더 좋을 수 없이
맑고 따뜻한 봄날 몇 년을 벼르고 별러
시 쓰고 소설 쓰는 사람들
모두 모여 즐거워서 술도 먹고 떡도 먹자고*
봄나들이하는 날
고기 끊고 술 바리바리 싸서
옥천 동이면 현동리
꽃대궐에 사는 조만희 선생
높은댕이집에 모인 사람만 어림잡아 오십
출판기념회다 총회다 해도
얼굴 보기 어려웠던 사람들 다 모여
더할 나위 없이 좋은 날 시 한 편 안 쓸 수 없죠?
하여 봄산에 올라 고사리 꺾고 취나물 뜯다가
떠오른 시제 하나

A.I마저 피해갔다던 ○○농장 간판에 손글씨로 쓴

친환경 유정환

원래는 친환경 유정란이 맞지만
매화나무에 나비가 내려앉은 지형이라는 보은하고도 탄부면 매화리 출신
유정환 시인에 걸맞은 필체에다
매화나무를 떠난 나비가 꾸는 꿈이나 성품이
좋은 사람들 한자리에 모이게 한 유정환 시인만 같아
이날 백일장 시제는 친환경 유정환이 되어버렸네요

누가 장원이었냐고요?

그야 당연 친환경 유정환이었지요
다음으로는 막걸리에 소주, 두툼한 삼겹살, 취나물, 옻나무, 엄나무, 가죽나무순이었고요
소쩍새 우는 밤
군불 땐 황토방에 다리 묻고 앉은 누구도 딴죽 걸 수 없을 만큼

아름다운

　문학의 밤이었답니다


　＊박운식 시인 시집 제목에서 빌려옴.

어머니는 처녀 적 친구들과 팔뚝에 바늘로 먹을 찍어 세 점을 새겨놓고 죽기 전에는 꼭 만나자고 약속했더랬다. 어머니가 아가씨꽃을 그윽하게 바라보시면서 처음 털어놓은 기억이다. 끝내 만나지 못하시고 돌아가시면 어쩌나 싶어, 날 좋은 날 모시고 물어물어 찾고 싶은 마음을 그려보았다.

# 제비를 기다리며

물수제비를 잘 뜨려면
동글납작한 돌을 잘
골라야 해
무겁지도 가볍지도 않은
검날렵한 돌을

짱짱한 돌을 골랐으면
빗당겨치기로
상대를 쓰러뜨릴 때처럼
손을 잘 써야 해
아니 아니 물에
메다꽂는 게 아니라
물의 오금을 쳐서 눕히듯
물 위로 날려야 해
풍풍, 물에 던져 넣는 수제비가 아니니
물 너머 하늘로 날린다는 마음으로

그래야 물수제비를 지나

물제비가 되고

제비가 되는 거야

# 도토리

어머니,
식구들 위해 버섯 따러 가셨다가
가슴에 얹은 비석처럼 가풀막진
숨 갱신갱신 따라가다가
헛디뎌 비얄에서 구르셨다는데
비얄을 구르면서도 하셨다는 말
눈 뜨고는 못 듣겠다

연신 구르면서
고맙습니다고맙습니다고맙습니다고맙습니다고
맙습니다고맙습니다고맙습니다고맙습니다
하다가 나무뿌리에 간신히 걸친 신세가 되고 나니
왜 그런 말을 했을까 싶으셨다는데
일어나니 어디 다친 데 없이 가뿐하시더란다

보리밥나무

# 오세암

오세암의 좌장은 소설 쓰는 李였다
전남 학다리가 고향으로
지독한 음치여도 끝까지 마이크를 놓지 않던,
우회도로가 지나는 산자락 마을
달동네 □자 집
앵두알만 한 소나기가 장도처럼
어슷어슷 내리꽂히기도 하던
꽃밭에는 목단, 장미 들이
댕강댕강 목잠을 자던 곳
대한민국 문학사를 새로 쓰겠다며
용맹정진하던 문청들은 뿔뿔이 흩어져
밥벌이 중
언제나 밥벌이에서 돌아와
시를 쓰고 소설을 쓸지,
오세암은 흔적도 없지만
어디 대한민국 문학사가 하루이틀에 쓰이겠는가
기다리고 기다려 볼 일이다

나도 그들을 위해 김치며 쌀을 시주하던 신도였으니
언젠가 꼭 돌아올 줄 믿는다

# 풀

내가 풀이라면
뱀이 지나가고
멧돼지가 지나가도
아무렇지도 않을 수 있을까
바람 불고 천둥 번개 치고
어두워지다가 비에 잠겨도
울지 않을 수 있을까

브룬펠지어 자스민

# 안녕, 나의 별 2

쇠별꽃 처음 본
큰아들이
"야, 막내별이다!"라고 했지
작은아들은
칼국수 집 벽에 붙은
'공기밥 별도'를 보고
별은 언제 나와요? 하고 말했지
둘 다 세 살 무렵이었지
지금 와서도 그 이야기를 하면
대학생이 되고 중학생이 된 두 아들은
저 먼 하늘에서 떨어진 별똥처럼
말똥말똥한 눈으로
어이없다는 표정을 짓지
젖살이 빠지고 목소리 걸걸해지고
자지털이 부숭숭해져도
그때의 별자국이
저 얼굴과 마음 어딘가에 있다는 걸 알지

달팽이

# 불두화

밥 한 덩어리로 오신
부처님
주먹밥으로 일어나신
부처님

불두화

# 울보들은 기억력이 좋다

세상 떠나가라 사이렌처럼 울었다는
어느 시인의 시를 보며
문득 울보들은 기억력이 좋다는 생각

울보들은 덮어놓고 우는 경향이 있다
어느 소리보다 커야 들어주고
쳐다봐 주기 때문에 그 자리에 드러누워 울기 일쑤다
그때만은 귀가 멀어
숨넘어갈 듯 울어대지만
바람이 불고
비가 키운 구름과 물이 그렇듯
세상 우는 것들의 부름켜를
제 몸으로 울면서 아는 까닭이다
서서히 제 울음에 멀었던 귀가 열리고
나무며 풀, 벌레들,
바위마저 그렇게 울어서 거기 있음을 아는 것이다
눈물은 울보들의 왕관이지만

눈물 그친 사이 들려오는, 그렇게
틈을 빌려주는 울음의 내력을 아는 것이다
울고 난 뒤에야 보듬어주고 놀아주던
할머니, 어머니, 친구들을 떠올리는
울보들은 기억력이 좋다
돌아누운 벽마저 우는 것이어서
외상장부에 침 바르고 손가락 긋듯
치부하며 우는 이야기들을 불러내는 것이다

# 감자 먹고 싶다

감자꽃이 피니
가장 먼저 생각나는 건
중국 계림 가는 길
웅덩이 연꽃 핀 시골길
아이들이 먹이던 감자다
앞에선 반갑게 손 흔들다가
뒤에서 제대로 먹이던
그런 감자를 먹고 싶다
막 흙에서 뒹굴다 나온
까까머리, 코흘리개들한테
텃세 좋게 먹던
감자 생각

감자꽃

# 숲

숲에 바람이 불자
거미줄이 보였다
나무들이 쳐 놓은
바람과 햇빛의 그물
가지와 가지를 넘나들어
아까시나무에서 참나무,
팥배나무에서 오리나무로
귓속말처럼
새들이 지나간 냄새
출렁거리며 빛났다

발문

# 비틀고 다듬어 찾아낸 먹먹한 외줄기 음

이안(시인)

1.

먹먹하고 애틋하다. 어디를 들추어 읽어도 마찬가지다. 먹먹함은 묵묵함. 내가 아는 이종수 시인은 묵묵한 사람이다. 이번 시집의 시편들에서 느껴지는 먹먹함은, 묵묵한 그의 인간됨에서 온다. 묵묵함은 잠잠함, 말없음이면서, 행동과 실천을 포함하기에 어떤 고매한 정신과 연결될 수 있다.

묵묵함은 말을 앞세우지 않는 몸의 말이다. 임도(林道)에 난 바퀴 자국에 고인 물에 알을 슨 두꺼비와 아무르산개구리를 걱정하며 작대기로 물길을 내주고(「금을 긋다」), 눈[雪]길에서 마주치는 "개머루, 까마중, 배풍등, 쥐똥, 찔레 열매" 앞에서 "새를 보듯 숨을 멈추는" "오래오래, 끝까지 끝까지/ 참아서 이기고 싶은,/ 참 별것도 아닌 것 앞에" 눈[眼]길을 주며 거룩해지기도 하는(「눈길」) 사람이 이종수, 바로 그다. "무릎걸음으로/ 기어이 오고야" 마는, "국숫발처럼 말아서 올려놓아도/ 어김없이 살아남아/ 꽃 피우는" 「달개비꽃」의 면모가 그에게는 있다.

> 목덜미에 벌레가 앉았기에
> 털어내고 보니
> 눈곱만 한 벌레
> 주둥인지 집겐지 댁댁거리며 방어 자세다
> 가다 돌아서 위협까지 하며 맞선다
> 꼭 그 모양이
> 내가 만만하게 보이냐고 말하는 것 같다
>
> 그래 세상에 만만한 거 하나도 없다
> 　　　　　　　─ 「만만한 거 하나도 없다」 전문

누구나 겪어보았을 법한, 그러나 대부분 대수롭잖게 지나쳐 버렸을 장면에 시인은 멈추어 눈을 맞추고, 이 "눈곱만 한 벌레"의 말을 들으려 한다. 본문에서는 "내가 만만하게 보이냐고 말하는 것 같다"고 불확실한 단정 투로 말했지만, 그것은 어디까지나 보는 자의 태도를 확인해 주는 말로서, 「만만한 거 하나도 없다」는 제목은 이러한 시 속 사태를 확실히 추인(追認)하는 말이 된다.

"세상에 만만한 거 하나도 없다" 앞에 놓인, "그래"를 보자. 얼핏 단순하고 소박한 깨달음을 담은, 다음 말로 이행하기 위한 가벼운 징검돌쯤으로 보이기도 하지만 실상은 묵직하게 가라앉는 말이다. 같은 문장에 놓인 "하나도" 또한 마찬가지다. 이 말은, 「금을 긋다」에 나오는 "똥 친 막대기"처럼 부처(하느님)의 현신(現身)일 수 있기에 싱거이 보아 넘길 말이 아니다.

그러니 이번 시집에서 시의 곁이 되어 주는 풀과 나무 그림은 "눈곱만 한 벌레"처럼 "참 별것도 아닌 것"으로 치부해 오던 존재들을 향한, 시인의 세밀하고도 곡진한 맞이함이자 마주함의 의식(儀式)이라 해야겠다. "내가 풀이라면/ 뱀이 지나가고/ 멧돼지가 지나가도/ 아무렇지도 않을 수 있을까/ 바람 불고 천둥 번개 치고/ 어두워지다가 비에 잠겨도/ 울지 않을 수 있을까"(「풀」 전문) 하는 마음이 담긴.

2.

    희게 칠한 벽
    거미가 내걸었다
    제발 벽화 사양한다고
    잘 그리지도 못하면서
    아무 그림이나 그리지 말고
    그냥 내버려두어도 된다고
    거미줄로 짠 경고문을 내붙였다

제발 아무 일도 하지 않았으면

인생은 뭐니 서툰 휘파람 같은 시

써대지 말고

담장 위로 장미나 호박넝쿨

넘어오면 거미줄에 경배하는 호박잎

씨줄 날줄의 여백이나 감상하시라고

—「벽화 사양」 전문

어떤 말은 말 자체로 힘을 가질 수 있지만, 또 어떤 말은 삶의 실천과 결부되거나 발화자의 됨됨이와 연결되면서 의외의 힘을 갖기도 한다. 말하자면 시의 배후를 구성하는 시인의 존재가 시의 언어에 신뢰를 부여하는 경우인데, 나는 이종수 시인의 시에서 그 같은 말의 힘을 발견하게 된다. 어쩌면 그 힘은, 사양(辭讓)에서 오는 것인지도 모른다. 자칫 더듬는 듯하고[若訥] 서툰 것 같지만[若拙], 그것은 겸손과 양보, 주저함과 물러섬의 언어이기에 대교(大巧)와 대변(大辯)의 설득력을 가질 수 있다. "공손하게 오므린 곳에 낳은 새알"을 찾아 "그 높은 나무에 올라서도 빈손으로 내려왔었"던(「앵초」) 물러섬의 경험은 이종수 시의 윤리적 바탕을 이룬다.

하냥 하는 시인의 일이야 "물오른 가지를/ 비틀고 떨림판을 다듬어/ 먹먹한 외줄기 음을 찾아" 내거나(「버들피리」), "길가에 가지치기하느라 쌓아 놓은/ 나뭇단에서 몇 번이나 갸웃갸웃/ 물어보고 무게와 길이를 재 보며" "대들보와 서까래로 쓰일/ 재목을 고르는" 까치 한 쌍(「집」)의 모습과 다르지 않은 것이지만 그래서,

>물수제비를 잘 뜨려면
>동글납작한 돌을 잘
>골라야 해
>무겁지도 가볍지도 않은
>검날렵한 돌을
>
>짱짱한 돌을 골랐으면
>빗당겨치기로
>상대를 쓰러뜨릴 때처럼
>손을 잘 써야 해
>아니 아니 물에
>메다꽂는 게 아니라
>물의 오금을 쳐서 눕히듯
>물 위로 날려야 해
>풍풍, 풀에 던져 넣는 수제비가 아니니
>물 너머 하늘로 날린다는 마음으로
>그래야 물수제비를 지나

물제비가 되고

　　제비가 되는 거야

　　　　　　　　　—「제비를 기다리며」 전문

　자기가 애써 찾고, 다듬고, 맞추어 낸 말이 현실에서 현실 너머로 이륙하기를 바라는 것이지만,

　　로드킬 당한 너구리나 고양이들은

　　끈이나 밧줄이 된다

　　타이어를 잘라 만들었거나

　　수십 가닥을 꼬아 만들었거나

　　이삿짐이나 화물 등속을 단단히 묶었던

　　결속처럼

　　밟히고 밟혀도 길에서 벗어날 수 없다

　　길에서 끈과 밧줄의 속성을 드러내며

　　올이 풀리고 해지면서

　　길나부랭이가 된다

　　징이 박힌 채 기차를 받아낸 철로처럼


　　누군가 떨어뜨리고 간 주머니나

　　가방처럼 남아서

　　사고 현장에 남겨진 신발 한 짝처럼

주저하며 가지 못한

길 한쪽을 보고 있다

　　　　　　　　　—「지긋지긋한, 길」 전문

　이종수 시인에게 시는, "물수제비를 지나/ 물제비가 되고/ 제비가 되는" "물 너머 하늘"로의 (「제비를 기다리며」) 이륙이 아니다. 그에게 시는, 로드킬을 당하고서도 "끈이나 밧줄이 된" "결속처럼", "징이 박힌 채 기차를 받아낸 철로처럼", "누군가 떨어뜨리고 간 주머니나/ 가방처럼 남아서/ 사고 현장에 남겨진 신발 한 짝처럼/ 주저하며 가지 못한/ 길 한쪽을" 보고(報告)하는 행위다. 그러니 「지긋지긋한, 길」의 지긋지긋함은 진저리나는 절망이 아니라 끝까지 부여잡고 놓지 않음의 끈덕짐이다. 남아서—, 남겨진 것, 주저하며 가지 못한 것들에 눈길과 손길로 생명의 금을 그어주는 것(「금을 긋다」)이 이종수의 시다.

3.

　시가 그런 것처럼, 그는 빛으로 나가지 않고 늘 빛으로 나간 사람 뒤에 선다. 뒤에 서서, 앞선 사람이 잘못되지 않게 든든히, 그의 뒤가 되어 준다. 감히 세상의 앞에 나서지 않는, 어쩌지 못하고 앞에 나서는 일이 있더라도 뒤에 선 것처럼, 스스로 빛나지 않게 빛을 감추는 사람이, 그다. 앞으로도 그는 분명 일행 가운데 조금 늦게 도착할 터인데, 그것은 그가 "달걀 한 판을 들고" 사람들 뒤에서 걸어올 것이기 때문이다.

> 달걀은 두 손으로 깨지지 않게 드는 것부터
> 품지 못하는 사람으로서 할 일은 그렇게
> 나무가 새둥지를 분양하고 썩은 살을 내주어
> 달걀처럼 둥근 속을 내어주듯이
> 품은 마음을 쉬이 깨뜨리지 않고 가져가는 것
> 흔들리는 버스에서 사람들의 알 듯 모를 듯한 눈초리에
> 행여 깨질까 달걀의 둥근 중심을 깨뜨리지 않고 가 보는 것
> ─「달걀 한 판!」 부분

모쪼록 그의 삶과 시가 세상의 "그 어떤 소란과 두려움으로도 깨어지지 않"기를, "죽음과 온갖 더럽고 추악한 것에서/ 저만의 고독 속으로 달아난 사납고 거센 바람이 부는 곳에서 바야흐로 태어난" 달걀처럼, "둥근 중심"을 간직한 채 독자들에게 온전히 배송되기를 소망한다.

# 안녕, 나의 별

2017년 8월 14일 초판 1쇄 발행
2020년 6월 22일 초판 4쇄 발행

지은이  이종수
펴낸이  유정환
펴낸곳  도서출판 고두미
         등록 2001년 5월 22일(제2001-000011호)
         충북 청주시 상당구 꽃산서로8번길 90
         Tel. 043-257-2224 / Fax. 070-7016-0823
         E-mail. godumi@naver.com

ⓒ이종수, 2017
ISBN 979-11-86060-38-4  03810

※ 지은이와 협약에 따라 인지를 붙이지 않습니다.
※ 책값은 뒤표지에 표시하였습니다.
※ 잘못 된 책은 구입한 곳에서 바꾸어 드립니다.